CW00456150

# Le livre de cuisine complet sur la friteuse Keto Air

Recettes de tous les jours, du niveau débutant au niveau avancé. Des recettes étonnantes et croustillantes à cuire, à griller et à rôtir. Prévenez l'hypertension, soignez votre corps et stimulez le métabolisme.

Tanya Hackett

# Table des matières

—

4

Copyright 2020 par Tanya Hackett

- Tous droits réservés.

Le livre suivant est reproduit ci-dessous dans le but de fournir des informations aussi précises et fiables que possible. Quoi qu'il en soit, l'achat de ce livre peut être considéré comme un consentement au fait que l'éditeur et l'auteur de ce livre ne sont en aucun cas des experts sur les sujets qui y sont abordés et que les recommandations ou suggestions qui y sont faites sont uniquement destinées à divertir. Les professionnels doivent être consultés si nécessaire avant d'entreprendre toute action approuvée dans le présent document.

Cette déclaration est jugée équitable et valide par l'American Bar Association et le Committee of Publishers Association et est juridiquement contraignante dans tous les États-Unis.

En outre, la transmission, la duplication ou la reproduction de l'un des travaux suivants, y compris des informations spécifiques, sera considérée comme un acte illégal, qu'elle soit effectuée par voie électronique ou sur papier. Cela s'étend à la création d'une copie secondaire ou tertiaire de l'œuvre ou d'une copie enregistrée et n'est autorisé qu'avec le consentement écrit explicite de l'éditeur. Tous les droits supplémentaires sont réservés.

Les informations contenues dans les pages suivantes sont généralement considérées comme un compte rendu véridique et précis des faits et, en tant que telles, toute inattention, utilisation ou abus des informations en question par le lecteur rendra toute action en résultant uniquement de son ressort. Il n'existe aucun scénario dans lequel l'éditeur ou l'auteur original de ce travail peut être considéré comme responsable de quelque manière que ce soit des difficultés ou des dommages qui pourraient leur arriver après avoir entrepris les actions décrites dans le présent document.

En outre, les informations contenues dans les pages suivantes sont uniquement destinées à des fins d'information et doivent donc être considérées comme universelles. Comme il convient à leur nature, elles sont présentées sans garantie quant à leur validité prolongée ou leur qualité provisoire. Les marques mentionnées le sont sans consentement écrit et ne peuvent en aucun cas être considérées comme un aval du titulaire de la marque.

# Introduction

Une friteuse à air est un appareil de cuisine relativement récent qui s'est avéré très populaire auprès des consommateurs. Bien qu'il existe de nombreuses variétés différentes, la plupart des friteuses à air partagent de nombreuses caractéristiques communes. Elles sont toutes dotées d'éléments chauffants qui font circuler de l'air chaud pour cuire les aliments. La plupart sont dotées de réglages préprogrammés qui aident les utilisateurs à préparer une grande variété d'aliments.

La friture à l'air est un mode de cuisson plus sain car il utilise moins d'huile que les méthodes traditionnelles de friture. Tout en préservant la saveur et la qualité des aliments, elle réduit la quantité de graisse utilisée dans la cuisson. La friture à l'air est une méthode courante pour "frire" des aliments qui sont principalement faits avec des œufs et de la farine. Grâce à cette méthode, ces aliments peuvent être mous ou croquants selon votre préférence.

Comment fonctionnent les friteuses à air

Les friteuses à air utilisent un ventilateur pour faire circuler l'air chaud autour des aliments. L'air chaud chauffe l'humidité des aliments jusqu'à ce qu'elle s'évapore et crée de la vapeur. Lorsque la vapeur s'accumule autour des aliments, elle crée une pression qui tire l'humidité de la surface des aliments et l'éloigne du centre, formant ainsi de petites bulles. Les bulles créent une couche d'air qui entoure les aliments et crée une croûte croustillante.

Choisir une friteuse à air

Lorsque vous choisissez une friteuse à air, recherchez un appareil qui a reçu de bonnes critiques pour la satisfaction du client. Commencez par les caractéristiques dont vous avez besoin, telles que la puissance, la capacité, la taille et les accessoires. Recherchez une friteuse facile à utiliser. Certaines friteuses à air du marché ont une minuterie intégrée et une température réglable. Recherchez une friteuse dotée d'un entonnoir pour récupérer la graisse, d'un panier lavable au lave-vaisselle et de pièces faciles à nettoyer.

Comment utiliser une friteuse à air

Pour de meilleurs résultats, préchauffez la friteuse à l'air à 400 F pendant 10 minutes. Le préchauffage de la friteuse à air permet d'atteindre la bonne température plus rapidement. De plus, le préchauffage de la friteuse est essentiel pour garantir que vos aliments ne brûlent pas.

Comment faire cuire des aliments dans une friteuse

Si vous n'avez pas encore de friteuse à air, vous pouvez commencer à jouer avec vos fours en y jetant des frites surgelées et en les faisant cuire jusqu'à ce qu'elles soient bien dorées. En fonction de votre four, regardez la température. Vous devrez peut-être augmenter ou diminuer le temps de cuisson.

Quels aliments peut-on faire cuire dans une friteuse à air ?

Oeufs : Bien que vous puissiez faire cuire des oeufs dans une friteuse à air, nous ne le recommandons pas car vous ne pouvez pas contrôler le temps et la température de cuisson aussi précisément qu'avec une poêle ou un poêlon traditionnel. Il est beaucoup plus facile d'obtenir des œufs cuits de façon inégale. Vous ne pouvez pas non plus ajouter de sauce ou d'assaisonnement et vous n'obtiendrez pas de bords dorés et croustillants.

Les aliments surgelés : En général, les aliments surgelés sont mieux cuits au four conventionnel car ils doivent atteindre une certaine température pour être bien cuits. La friteuse à air n'est pas capable d'atteindre des températures qui permettent une cuisson complète des aliments.

Aliments déshydratés : Les aliments déshydratés doivent être frits, ce que vous ne pouvez pas faire avec une friteuse à air. Lorsqu'il s'agit de cuire des aliments déshydratés, la friteuse à air n'est pas la meilleure option.

Légumes : Vous pouvez faire cuire des légumes dans une friteuse à air, mais vous devez vous assurer que la friteuse à air n'est pas réglée à une température qui les brûlerait.

Pour éviter que vos légumes ne soient trop cuits, démarrez la friteuse à l'air libre sans le panier, puis ajoutez les légumes une fois que l'air s'est réchauffé et qu'il n'y a plus de points froids.

Veillez à remuer les légumes toutes les quelques minutes. Vous pouvez aussi les faire cuire dans le panier, mais ils peuvent se coller un peu.

Des frites : Faire frire des frites dans une friteuse à air est un bon moyen d'obtenir des frites croustillantes et dorées sans ajouter beaucoup d'huile. Par rapport à la friture classique, la friture à l'air libre produit moins de calories.

Pour cuire des frites dans une friteuse à air, utilisez un panier ou une grille et versez suffisamment d'huile pour atteindre la moitié de la hauteur des frites. Pour un résultat optimal, assurez-vous que les frites sont congelées. Tournez la friteuse à 400 degrés et réglez-la pendant 12 minutes. Si vous voulez qu'elles soient plus croustillantes, vous pouvez la régler sur 18 minutes, mais elles risquent de brûler un peu.

Avantages d'une friteuse à air :

- C'est l'une des façons les plus simples de cuisiner des aliments sains. Utilisé 4 à 5 fois par semaine, c'est une option plus saine que la friture à l'huile dans votre four traditionnel ou l'utilisation d'aliments en conserve.

- Les repas à la friteuse sont un moyen facile de servir des aliments savoureux qui ne prennent pas beaucoup de place. Les friteuses permettent de cuire trois fois plus de nourriture que vous ne le pouvez dans votre micro-ondes.

- Les friteuses à air comprimé ont un faible encombrement et vous pouvez les ranger dans une armoire lorsqu'elles ne sont pas utilisées.

-Ils sont des appareils de cuisine polyvalents. Vous pouvez les utiliser pour cuisiner des aliments pour le déjeuner, le dîner et les collations.

- Les friteuses à air comprimé ne nécessitent que peu ou pas d'efforts dans la cuisine. Vous pouvez les utiliser avec le couvercle, ce qui signifie qu'il y a moins de vaisselle à faire.

# Tomates au pesto

**Temps de préparation :** 5 minutes

**Temps de cuisson :** 10 minutes

**Des portions :** 4

**Ingrédients :**

- Grosses tomates de patrimoine : 3, coupées en tranches de ½ pouces d'épaisseur.
- Pesto : 1 tasse

- Feta : 8 oz. coupée en tranches de ½ pouces d'épaisseur
- Oignon rouge : ½ tasse, en fines tranches
- Huile d'olive : 1 cuillère à soupe.

**Itinéraire :**

1. Etalez un peu de pesto sur chaque tranche de tomate. Recouvrez chaque tranche de tomate d'une tranche de feta et d'oignon et arrosez d'huile.

2. Disposez les tomates sur la grille graissée et vaporisez-les avec de l'enduit de cuisson. Disposez le bac d'égouttage dans le fond de la chambre de cuisson du four à friteuse instantanée Vortex Air.

3. Sélectionnez "Air Fry" et réglez la température à 390 °F. Réglez la durée sur 14 minutes et appuyez sur "Start". Lorsque l'écran affiche "Add Food" (Ajouter des aliments), placez la grille en position centrale.

4. Lorsque l'écran affiche "Turn Food", ne transformez pas la nourriture. Lorsque le temps de cuisson est terminé, retirez la grille du four à tourbillon. Servez chaud.

**Nutrition :**

Calories 480,

Carburants 13g,

Graisse 41,9g,

Protéine 15,4g

# Pommes de terre assaisonnées

**Temps de préparation :** 5 minutes

**Temps de cuisson :** 40 minutes

**Portions :** 2

**Ingrédients :**

- Pommes de terre Russet : 2, frottées
- Beurre : ½ cuillère à soupe fondue
- Assaisonnement pour mélange d'ail et d'herbes : ½ tsp.
- Ail en poudre : ½ c. à thé
- Sel, selon les besoins

**Itinéraire :**

1. Dans un bol, mélangez toutes les épices et le sel. Avec une fourchette, piquez les pommes de terre.
2. Enduire les pommes de terre de beurre et les saupoudrer du mélange d'épices. Disposez les pommes de terre sur la grille de cuisson.

3. Disposez le bac d'égouttage dans le fond de la chambre de cuisson du four à friteuse instantanée Vortex Air. Choisissez "Air Fry" et réglez ensuite la température à 400 °F. Réglez le temps de cuisson sur 40 minutes et appuyez sur "Start".
4. Lorsque l'écran affiche "Add Food", placez la grille de cuisson en position centrale. Lorsque l'écran affiche "Turn Food", ne faites rien. Une fois la cuisson terminée, retirez le plateau du four Vortex. Servez chaud.

**Nutrition :**

Calories 176,

Carburants 34,2g,

Gras 2,1g,

Protéine 3,8g

# Courgettes épicées

**Temps de préparation :** 10 minutes

**Temps de cuisson :** 15 minutes

**Des portions :** 4

**Ingrédients :**

- Courgettes : 1 lb coupées en tranches de ½ pouces d'épaisseur dans le sens de la longueur
- Huile d'olive : 1 cuillère à soupe.
- Ail en poudre : ½ c. à thé
- Poivre de Cayenne : ½ cuil. à café

- Sel et poivre noir moulu, selon les besoins

**Itinéraire :**

1. Mettez tous les ingrédients dans un bol et remuez pour bien les enrober. Disposez les tranches de courgettes sur une plaque de cuisson.

2. Disposez le bac d'égouttage dans le fond de la chambre de cuisson du four à friteuse instantanée Vortex Air. Choisissez "Air Fry" et réglez ensuite la température à 400 °F. Réglez le temps de cuisson sur 12 minutes et appuyez sur "Start".

3. Lorsque l'écran affiche "Add Food", placez le plateau de cuisson en position centrale. Lorsque l'écran affiche "Turn Food", ne faites rien. Une fois la cuisson terminée, retirez le plateau du four Vortex. Servez chaud.

**Nutrition :**

Calories 67,

Carburants 5,6g,

Gras 5g,

Protéine 2g

# Courge jaune assaisonnée

**Temps de préparation :** 5 minutes

**Temps de cuisson :** 10 minutes

**Des portions :** 4

**Ingrédients :**

- Grosse courge jaune : 4, coupée en tranches
- Huile d'olive : ¼ cup
- Oignon : ½, tranché
- Assaisonnement italien : ¾ tsp.
- Sel à l'ail : ½ c. à thé
- Sel assaisonné : ¼ tsp.

**Itinéraire :**

1. Dans un bol, mélangez tous les ingrédients. Placez le mélange de légumes dans la plaque de cuisson graissée. Disposez le bac d'égouttage dans le fond de la chambre de cuisson du four à friteuse Instant Vortex Air.

2. Choisissez "Air Fry" et réglez ensuite la température à 400 °F. Réglez la durée sur 10 minutes et appuyez sur "Start". Lorsque l'écran affiche "Add Food", placez le plateau de cuisson en position centrale.

3. Lorsque l'écran affiche "Turn Food", tournez les légumes. Une fois la cuisson terminée, retirez le plateau du Four Vortex. Servez chaud.

**Nutrition :**

Calories 113,

Carburants 8,1g,

Gras 9g,

Protéine 4,2g

# Asperges au beurre

**Temps de préparation :** 5 minutes

**Temps de cuisson :** 10 minutes

**Des portions :** 4

**Ingrédients :**

- Lances d'asperges épaisses et fraîches : 1 livre
  parée
- Le beurre : 1 c. à soupe fondue
- Sel et poivre noir moulu, selon les besoins

**Itinéraire :**

1. Mettez tous les ingrédients dans un bol et remuez pour bien les enrober. Disposez les asperges sur un plateau de cuisson. Disposez le bac d'égouttage dans le fond de la chambre de cuisson du four à friteuse Instant Vortex Air. Choisissez "Air Fry" et réglez ensuite la température à 350 °F. Réglez le temps de cuisson sur 10 minutes et appuyez sur "Start". Lorsque l'écran affiche "Add Food", placez le plateau de cuisson en position centrale. Lorsque l'écran affiche "Turn Food", tournez les asperges. Une fois la cuisson terminée, retirez le plateau du four Vortex. Servez chaud.

**Nutrition :**

Calories 64,

Carburants 5,9g,

Gras 4g,

Protéine 3,4g

# Brocoli au beurre

**Temps de préparation :** 5 minutes

**Temps de cuisson :** 15 minutes

**Des portions :** 4

**Ingrédients :**

- Fleurons de brocoli : 1 livre.
- Le beurre : 1 c. à soupe fondue
- Flocons de piment rouge : ½ c. à thé écrasée
- Sel et poivre noir moulu, selon les besoins

**Itinéraire :**

1. Rassemblez tous les ingrédients dans un bol et mélangez-les pour bien les enrober. Placez les fleurons de brocoli dans le panier de la rôtissoire et fixez le couvercle. Disposez le bac d'égouttage dans le fond de la chambre de cuisson du four à friteuse instantanée Vortex Air. Choisissez "Air Fry" et réglez ensuite la température à 400 °F.

2. Fixez l'heure pendant 15 minutes et appuyez sur "Start". Ensuite, fermez la porte et appuyez sur "Rotate".

3. Lorsque l'écran affiche "Add Food", placez le panier de la rôtissoire sur la broche de la rôtissoire. Puis, fermez la porte et touchez "Rotate". Lorsque le temps de cuisson est terminé, appuyez sur le levier rouge pour libérer la tige. Retirez du four à tourbillon. Servez immédiatement.

**Nutrition :**

Calories 55,

Carburants 6,1g,

Gras 3g,

Protéine 2,3g

# Carottes assaisonnées aux haricots verts

**Temps de préparation :** 5 minutes

**Temps de cuisson :** 10 minutes

**Des portions :** 4

**Ingrédients :**

- Haricots verts : ½ lb. parés
- Carottes : ½ lb. pelées et coupées en bâtonnets
- Huile d'olive : 1 cuillère à soupe.
- Sel et poivre noir moulu, selon les besoins

**Itinéraire :**

1. Rassemblez tous les ingrédients dans un bol et remuez pour bien les enrober. Placez les légumes dans le panier de la rôtissoire et fixez le couvercle. Disposez le bac d'égouttage dans le fond de la chambre de cuisson du four à friteuse instantanée à air tourbillonnant.

2. Choisissez "Air Fry" et réglez ensuite la température à 400 °F. Réglez la durée sur 10 minutes et appuyez sur "Start".

3. Puis, fermez la porte et touchez "Rotate". Lorsque l'écran affiche "Add Food", placez le panier de la rôtissoire sur la broche de la rôtissoire. Puis, fermez la porte et touchez "Rotate". Lorsque le temps de cuisson est terminé, appuyez sur le levier rouge pour libérer la tige. Retirez du four à tourbillon. Servez chaud.

**Nutrition :**

Calories 94,

Carburants 12,7g,

Graisse 4,8g,

Protéine 2g

# Patate douce au brocoli

**Temps de préparation :** 5 minutes

**Temps de cuisson :** 20 minutes

**Des portions :** 4

**Ingrédients :**

- Patates douces moyennes : 2, pelées et coupées en cubes de 1 pouce
- Tête de brocoli : 1, coupée en fleurons de 1 pouce
- Huile végétale : 2 cuillères à soupe.
- Sel et poivre noir moulu, selon les besoins

**Itinéraire :**

1. Graissez un plat de cuisson qui tiendra dans le four à friteuse Vortex Air. R
2. assemblez tous les ingrédients dans un bol et remuez pour bien les enrober. Placez le mélange de légumes en une seule couche dans le plat de cuisson préparé.

3. Disposez le bac d'égouttage au fond de la chambre de cuisson de la friteuse instantanée à air Vortex. Sélectionnez "Rôtir" et réglez la température à 415 °F.

4. Réglez le temps sur 20 minutes et appuyez sur "Start". Lorsque l'écran affiche "Add Food", placez le plat de cuisson en position centrale. Lorsque l'écran affiche "Turn Food", tournez les légumes. Lorsque le temps de cuisson est terminé, retirez le plat de cuisson du four Vortex. Servez chaud.

**Nutrition :**

Calories 170,

Carburants 25,2g,

Graisse 7,1g,

Protéine 2,9g

# Légumes assaisonnés

**Temps de préparation :** 5 minutes

**Temps de cuisson :** 12 minutes

**Des portions :** 4

**Ingrédients :**

- Carottes miniatures : 1 tasse
- Fleurons de brocolis : 1 tasse
- Fleurons de chou-fleur : 1 tasse
- Huile d'olive : 1 cuillère à soupe.
- Assaisonnement italien : 1 cuillère à soupe.
- Sel et poivre noir moulu, selon les besoins

**Itinéraire :**

1. Rassemblez tous les ingrédients dans un bol et mélangez-les pour bien les enrober. Placez les légumes dans le panier de la rôtissoire et fixez le couvercle.

2. Disposez le bac d'égouttage dans le fond de la chambre de cuisson du four à friteuse instantanée Vortex Air. Choisissez "Air Fry" et réglez ensuite la température à 380 °F.

3. Réglez le temps sur 18 minutes et appuyez sur "Start". Puis, fermez la porte et appuyez sur "Rotate". Lorsque l'écran affiche "Add Food", placez le panier de la rôtissoire sur la broche de la rôtissoire. Puis, fermez la porte et appuyez sur "Rotate". Lorsque le temps de cuisson est terminé, appuyez sur le levier rouge pour libérer la tige. Retirez du four à tourbillon. Servez.

**Nutrition :**

Calories 66,

Carburants 5,7g,

Graisse 4,7g,

Protéine 1,4g

# Gratin de pommes de terre

**Temps de préparation :** 5 minutes

**Temps de cuisson :** 20 minutes

**Des portions :** 4

**Ingrédients :**

- Grosses pommes de terre : 2, coupées en fines tranches
- Crème : 5½ tbsps.

- Oeufs : 2
- Farine nature : 1 cuillère à soupe.
- Cheddar : ½ tasse, râpé

**Itinéraire :**

1. Disposez les cubes de pommes de terre sur la grille graissée. Disposez le bac d'égouttage dans le fond de la chambre de cuisson du four à friteuse à air instantané Vortex. Choisissez "Air Fry" et réglez la température à 355 °F. Réglez le temps de cuisson sur 10 minutes et appuyez sur "Start".

2. Lorsque l'écran affiche "Add Food", placez la grille de cuisson en position centrale. Lorsque l'écran affiche "Turn Food", ne retournez pas les aliments. Pendant ce temps, dans un bol, ajoutez la crème, les œufs et la farine et mélangez jusqu'à l'obtention d'une sauce épaisse. Une fois la cuisson terminée, retirez le plateau du four Vortex.

3. Répartissez les tranches de pommes de terre dans 4 ramequins légèrement graissés de façon homogène et recouvrez-les du mélange d'œufs, puis du fromage.

4. Disposez les ramequins sur une grille de cuisson. Là encore, sélectionnez "Air Fry" et réglez la température à 390 °F. Réglez le temps de cuisson sur 10 minutes et appuyez sur "Start". Lorsque l'écran affiche "Add Food", placez la grille de cuisson en position centrale. Lorsque l'écran affiche "Turn Food", ne retournez pas les aliments. Lorsque le temps de cuisson est terminé, retirez les ramequins du four Vortex. Servez-les chauds.

**Nutrition :**

Calories 233,

Carburants 31.g,

Gras 8g,

Protéine 9,7g

# Ail Edamame

**Temps de préparation :** 5 minutes

**Temps de cuisson :** 10 minutes

**Des portions :** 4

**Ingrédients :**

- Huile d'olive
- 1 sac de 16 onces d'edamame congelé en cosses
- sel et poivre noir fraîchement moulu
- ½ cuillère à café de sel d'ail
- ½ cuillère à café de flocons de piment rouge (facultatif)

**Itinéraire :**

1. Vaporisez légèrement un panier de friteuse avec de l'huile d'olive.

2. Dans un bol moyen, ajouter les edamames surgelés et vaporiser légèrement d'huile d'olive. Remuer pour enrober.

3. Dans un bol, mélangez le sel d'ail, le sel, le poivre noir et les flocons de piment rouge (si vous en utilisez). Ajoutez le mélange aux edamames et remuez jusqu'à ce qu'ils soient bien enrobés.

4. Placez la moitié des edamame dans le panier de la friteuse. Ne pas trop remplir le panier.

5. Faire frire à l'air libre pendant 5 minutes. Secouez le panier et faites cuire jusqu'à ce que les edamame commencent à brunir et deviennent croustillants, 3 à 5 minutes de plus.

6. Répétez l'opération avec les edamame restants et servez immédiatement.

7. Accompagnement : Ces plats sont un bon accompagnement pour presque tous les repas.

8. Air Fry comme un pro : Si vous utilisez des edamame frais, réduisez le temps de friture à l'air de 2 à 3 minutes pour éviter la surcuisson. Les edamames frites à l'air ne conservent pas leur texture croustillante, il est donc préférable de les consommer juste après la cuisson.

**Nutrition :**

Calories : 100 ;

Matières grasses totales : 3g ;

Gras saturés : 0g ;

Les glucides : 9g ;

Protéines : 8g ;

Fibre : 4g ;

Sodium : 496 mg

# Pois chiches épicés

**Temps de préparation :** 5 minutes

**Temps de cuisson :** 20 minutes

**Des portions :** 4

**Ingrédients :**

- Huile d'olive
- ½ cuillère à café de cumin moulu
- ½ cuillère à café de poudre de chili
- ¼ cuillère à café de poivre de Cayenne
- ¼ cuillère à café de sel
- 1 boîte (19 onces) de pois chiches, égouttés et rincés

**Itinéraire :**

- Vaporisez légèrement un panier de friteuse avec de l'huile d'olive.
- Dans un bol, mélangez la poudre de piment, le cumin, le poivre de Cayenne et le sel.
- Dans un bol moyen, ajoutez les pois chiches et vaporisez-les légèrement d'huile d'olive. Ajoutez le mélange d'épices et remuez jusqu'à ce qu'ils soient bien enrobés.

- Transférez les pois chiches dans le panier de la friteuse. Faites-les frire à l'air libre jusqu'à ce qu'ils atteignent le niveau de croquant souhaité, soit 15 à 20 minutes, en veillant à secouer le panier toutes les 5 minutes.

- Air Fry comme un pro : Je trouve que 20 minutes, c'est le moment idéal pour des pois chiches très croquants. Si vous les préférez moins croustillants, faites-les cuire pendant 15 minutes environ. Ils constituent un excellent moyen d'expérimenter différents mélanges d'épices, comme le 5 épices chinois, un mélange de curry et de curcuma, ou les herbes de Provence.

**Nutrition :**

Calories : 122 ;

Total des matières grasses : 1g ;

Gras saturés : 0g ;

Les glucides : 22g ;

Protéines : 6g ;

Fibre : 6g ;

Sodium : 152 mg

# Bâtonnets de pizza aux oeufs

**Temps de préparation :** 10 minutes

**Temps de cuisson :** 5 minutes

**Des portions :** 4

**Ingrédients :**

1. Huile d'olive
2. 8 pièces de fromage à effilocher allégé
3. Emballages de rouleaux de 8 œufs
4. 24 tranches de pepperoni à la dinde
5. Sauce marinara, pour trempage (facultatif)

**Itinéraire :**

- Vaporisez légèrement un panier de friteuse avec de l'huile d'olive. Remplissez un petit bol d'eau.

---

- Placez chaque emballage de rouleau à œufs en diagonale sur un plan de travail. Il doit ressembler à un diamant.
- Placez 3 tranches de pepperoni de dinde en ligne verticale au centre de l'emballage.
- Placez 1 bâtonnet de mozzarella sur la dinde pepperoni.
- Rabattre les coins supérieur et inférieur de l'emballage des pâtés impériaux sur le bâtonnet de fromage.
- Rabattez le coin gauche sur le bâtonnet de fromage et roulez le bâtonnet de fromage pour qu'il ressemble à un rouleau de printemps. Trempez un doigt dans l'eau et scellez le bord du rouleau
- Répétez l'opération avec le reste des bâtonnets de pizza.
- Placez-les dans le panier de la friteuse en une seule couche, en veillant à laisser un peu d'espace entre chacune d'elles. Vaporisez légèrement les bâtonnets de pizza avec de l'huile.

- Faites frire à l'air libre jusqu'à ce que les bâtonnets de pizza soient légèrement dorés et croustillants, soit environ 5 minutes.
- Il est préférable de les servir chauds pendant que le fromage est fondu. Accompagnez-les d'un petit bol de sauce marinara, si vous le souhaitez.

**Nutrition :**

Calories : 362 ;

Total des matières grasses : 8g ;

Gras saturés : 4g ;

Cholestérol : 43 mg ;

Les glucides : 40g ;

Protéines : 23g ;

Fibre : 1g ;

Sodium : 1 026 mg

# Chips de courgettes cajun

**Temps de préparation :** 10 minutes

**Temps de cuisson :** 15 minutes

**Des portions :** 4

**Ingrédients :**

- Huile d'olive
- 2 grandes courgettes, coupées en tranches de ⅛ pouces d'épaisseur
- 2 cuillères à café d'assaisonnement cajun

**Itinéraire :**

1. Vaporisez légèrement un panier de friteuse avec de l'huile d'olive.
2. Mettez les tranches de courgettes dans un bol moyen et arrosez-les généreusement d'huile d'olive.
3. Saupoudrez l'assaisonnement cajun sur les courgettes et remuez pour vous assurer qu'elles sont bien enrobées d'huile et d'assaisonnement.
4. Placez les tranches en une seule couche dans le panier de la friteuse, en veillant à ne pas trop les entasser.

5. Faire frire à l'air libre pendant 8 minutes. Retournez les tranches et faites-les frire à l'air libre jusqu'à ce qu'elles soient aussi croustillantes et brunes que vous le souhaitez, soit 7 à 8 minutes de plus.

6. Air Fry comme un pro : Pour obtenir le meilleur résultat, il est important de ne pas surcharger le panier de la friteuse. Les frites de courgettes sont meilleures si l'air peut circuler autour de chaque tranche. Vous pouvez ajouter un temps de cuisson si vous aimez les chips de courgettes très brunes et croquantes.

**Nutrition :**

Calories : 26 ;

Total des matières grasses : <1g ;

Les glucides : 5g ;

Protéines : 2g ;

Fibre : 2g ;

Sodium : 286 mg

# Ailes de poulet croustillantes de Old Bay

**Temps de préparation :** 10 minutes

**Temps de cuisson :** 15 minutes

**Des portions :** 4

**Ingrédients :**

- Huile d'olive
- 2 cuillères à soupe d'assaisonnement Old Bay
- 2 cuillères à café de levure chimique
- 2 cuillères à café de sel
- 2 livres d'ailes de poulet

**Itinéraire :**

1. Vaporisez légèrement un panier de friteuse avec de l'huile d'olive.

2. Dans un grand sac refermable, mélangez l'assaisonnement Old Bay, la levure chimique et le sel.

3. Essuyez les ailes avec du papier essuie-tout.

4. Placez les ailes dans le sachet à fermeture éclair, fermez-le et mélangez-les avec le mélange d'assaisonnement jusqu'à ce qu'elles soient bien enrobées.

5. Placez les ailes assaisonnées en une seule couche dans le panier de la friteuse. Vaporiser légèrement d'huile d'olive.

6. Friture à l'air libre pendant 7 minutes. Retourner les ailes, les asperger légèrement d'huile d'olive et les faire frire à l'air libre jusqu'à ce qu'elles soient croustillantes et légèrement dorées, 5 à 8 minutes de plus. À l'aide d'un thermomètre à viande, vérifiez que la température interne est de 165°F ou plus.

**Nutrition :**

Calories : 501 ;

Total des matières grasses : 36g ;

Gras saturés : 10g ;

Cholestérol : 170 mg ;

Les glucides : 1g ;

Protéines : 42g ;

Sodium : 2,527mg

# Cannelle et pêches sucrées

**Temps de préparation :** 10 minutes

**Temps de cuisson :** 13 minutes

**Des portions :** 4

**Ingrédients :**

- Huile d'olive
- 2 cuillères à soupe de sucre
- ¼ cuillère à café de cannelle moulue
- 4pêches, coupées en quartiers

**Itinéraire :**

1. Vaporisez légèrement un panier de friteuse avec de l'huile d'olive.

2. Dans un bol, mélangez la cannelle et le sucre. Ajouter les pêches et mélanger pour les enrober uniformément.

3. Placez les pêches en une seule couche dans le panier de la friteuse, sur le côté.

4. Faire frire à l'air libre pendant 5 minutes. Retourner les pêches côté peau, les asperger légèrement d'huile et les faire frire à l'air libre jusqu'à ce qu'elles soient légèrement brunies et caramélisées, 5 à 8 minutes de plus.

5. Encore moins de calories : utilisez un substitut de sucre à zéro calorie comme Nutrisweet ou un édulcorant à base de fruits des moines au lieu de sucre cristallisé.

6. Air Fry comme un pro : Elles ne deviennent pas vraiment croustillantes, mais restent plutôt molles, sucrées et caramélisées. Elles sont vraiment délicieuses et constituent un merveilleux dessert.

**Nutrition :**

Calories : 67 ;

Total des matières grasses : <1g ;

Les glucides : 17g ;

Protéines : 1g ;

Fibre : 2g ;

Sodium : 0 mg

# Ailes de poulet aux herbes provençales dans une friteuse

**Temps de préparation :** 15 minutes

**Temps de cuisson :** 20 minutes

**Des portions :** 4

**Ingrédients :**

- 1 kg d'ailes de poulet
- Herbes de Provence
- Huile d'olive vierge extra
- Sel
- Poivre moulu

**Itinéraire :**

1. Nous mettons les ailes de poulet dans un bol, propres et hachées.
2. Ajoutez quelques filets d'huile, du sel, du poivre du moulin et saupoudrez d'herbes de Provence.
3. Nous nous sommes bien liés et avons laissé macérer quelques minutes, je les ai eues 15 minutes.
4. Nous avons mis les ailes dans le panier de la friteuse Air.
5. Nous sélectionnons 180 degrés, 20 minutes.

6. De temps en temps, nous les enlevons pour qu'ils soient faits sur tous leurs visages.

7. Si nous voyons qu'ils ont été un peu dorés, nous mettons quelques minutes de plus.

8. Nous servons

**Nutrition :**

Calories : 160

Gras : 6

Carburants : 8Protéines

: 13

# Chips aux pommes

**Temps de préparation :** 10 minutes

**Temps de cuisson :** 20 minutes

**Portions :** 2

**Ingrédients :**

- 1 pomme, coupée en fines tranches
- Sel au goût
- ¼ cuillère à café de cannelle moulue

**Itinéraire :**

1. Préchauffez la friteuse à l'air à 350 degrés F.
2. Mélangez les tranches de pommes avec du sel et de la cannelle.

3. Ajouter à la friteuse à air.

4. Laisser refroidir avant de servir.

**Nutrition :**

Calories : 59

Protéines : 0,3 g.

Lipides : 0,2 g.

Carburants : 15,6 g.

# Plantains sucrés

**Temps de préparation :** 5 minutes

**Temps de cuisson :** 8 minutes

**Des portions :** 4

**Ingrédients :**

- 2 plantains mûrs, tranchés
- 2 cuillères à café d'huile d'avocat
- Sel au goût
- Le sirop d'érable

**Itinéraire :**

1. Mettez les plantains dans l'huile.

2. Assaisonner avec du sel.

3. Faites cuire dans le panier de la friteuse à l'air à 400 degrés F pendant 10 minutes, en secouant après 5 minutes.

4. Arroser de sirop d'érable avant de servir.

**Nutrition :**

Calories : 125

Protéines : 1,2 g.

Lipides : 0,6 g.

Carburants : 32 g.

# Bananes rôties

**Temps de préparation :** 5 minutes

**Temps de cuisson :** 5 minutes

**Portions :** 2

**Ingrédients :**

- 2 tasses de bananes, coupées en cubes
- 1 cuillère à café d'huile d'avocat
- 1 cuillère à soupe de sirop d'érable
- 1 cuillère à café de sucre brun
- 1 tasse de lait d'amande

**Itinéraire :**

1. Enduisez les cubes de banane avec de l'huile et du sirop d'érable.

2. Saupoudrer de sucre brun.

3. Cuire à 375 F dans la friteuse à l'air libre pendant 5 minutes.

4. Arroser les bananes de lait avant de les servir.

**Nutrition :**

Calories : 107

Protéines : 1,3 g.

Lipides : 0,7 g.

Carburants : 27 g.

# Croustillant aux poires

**Temps de préparation :** 10 minutes

**Temps de cuisson :** 25 minutes

**Portions :** 2

**Ingrédients :**

- 1 tasse de farine
- 1 bâtonnet de beurre végétalien
- 1 cuillère à soupe de cannelle
- ½ tasse de sucre
- 2 poires, coupées en cubes

**Itinéraire :**

1. Mélanger la farine et le beurre pour obtenir une texture friable.
2. Ajoutez de la cannelle et du sucre.
3. Mettez les poires dans la friteuse à air.
4. Versez et étalez le mélange sur les poires.
5. Cuire à 350 degrés F pendant 25 minutes.

**Nutrition :**

Calories : 544

Protéines : 7,4 g.

Lipides : 0,9 g.

Carburants : 132,3 g.

# Rouleaux à la cannelle

**Temps de préparation :** 2 heures

**Temps de cuisson :** 15 minutes

**Des portions :** 8

**Ingrédients :**

- 1 livre de pâte à pain végétalienne
- ¾ tasse de sucre de noix de coco
- 1 et ½ cuillères à soupe de cannelle en poudre
- 2 cuillères à soupe d'huile végétale

**Itinéraire :**

- Roulez la pâte sur un plan de travail fariné, formez un rectangle et badigeonnez avec l'huile.
- Dans un bol, mélangez la cannelle avec le sucre, remuez, saupoudrez le tout sur la pâte, roulez en une bûche, fermez bien et coupez en 8 morceaux.
- Laissez les petits pains lever pendant 2 heures, placez-les dans le panier de votre friteuse à air, faites-les cuire à 350 degrés F pendant 5 minutes, retournez-les, faites-les cuire pendant 4 minutes de plus et transférez-les sur un plateau.

- Profitez-en !

**Nutrition :**

Calories : 170

Protéines : 6 g.

Graisse : 1 g.

Carburants : 7 g.

# Dessert facile aux poires

**Temps de préparation :** 10 minutes

**Temps de cuisson :** 25 minutes

**Des portions :** 12

**Ingrédients :**

1. 6 grosses poires, évidées et hachées

2. ½ tasse de raisins secs

3. 1 cuillère à café de gingembre en poudre

4. ¼ tasse de sucre de noix de coco

5. 1 cuillère à café de zeste de citron, râpé

**Itinéraire :**

- Dans un récipient adapté à votre friteuse, mélangez des poires avec des raisins secs, du gingembre, du sucre et du zeste de citron, remuez, introduisez dans la friteuse et faites cuire à 350 degrés F pendant 25 minutes.
- Répartir dans des bols et servir froid.
- Profitez-en !

**Nutrition :**

Calories : 200

Protéines : 6 g.

Lipides : 3 g.

Carburants : 6 g.

# Mélange vanille-fraise

**Temps de préparation :** 10 minutes

**Temps de cuisson :** 20 minutes

**Des portions :** 10

**Ingrédients :**

1. 2 cuillères à soupe de jus de citron

2. 2 livres de fraises

3. 4 tasses de sucre de noix de coco

4. 1 cuillère à café de cannelle en poudre

5. 1 cuillère à café d'extrait de vanille

**Itinéraire :**

- Dans une casserole adaptée à votre friteuse, mélangez des fraises avec du sucre de coco, du jus de citron, de la cannelle et de la vanille, remuez doucement, introduisez-les dans la friteuse et faites-les cuire à 350 degrés pendant 20 minutes

- Répartir dans des bols et servir froid.

- Profitez-en !

**Nutrition :**

Calories : 140

Protéines : 2 g.

Lipides : 0 g.

Carburants : 5 g.

# Bananes sucrées et sauce

**Temps de préparation :** 10 minutes

**Temps de cuisson :** 20 minutes

**Des portions :** 4

**Ingrédients :**

1. Jus de citron ½
2. 3 cuillères à soupe de nectar d'agave
3. 1 cuillère à soupe d'huile de coco
4. 4bananes, pelées et coupées en diagonale
5.                    ½ cuillère à café de graines de cardamome

**Itinéraire :**

- Disposez les bananes dans une poêle adaptée à votre friteuse, ajoutez le nectar d'agave, le jus de citron, l'huile et la cardamome, introduisez-les dans la friteuse et faites-les cuire à 360 degrés F pendant 20 minutes
- Répartissez les bananes et la sauce dans les assiettes et servez.
- Profitez-en !

**Nutrition :**

Calories : 210

Protéines : 3 g.

Graisse : 1 g.

Carburants : 8 g.

# Pommes à la cannelle et sauce à la mandarine

**Temps de préparation :** 10 minutes

**Temps de cuisson :** 20 minutes

**Des portions :** 4

**Ingrédients :**

1. 4 pommes, épépinées, pelées et évidées
2. 2 tasses de jus de mandarine
3. ¼ tasse de sirop d'érable
4. 2 cuillères à café de cannelle en poudre
5. 1 cuillère à soupe de gingembre râpé

**Itinéraire :**

- Dans une casserole adaptée à votre friteuse, mélangez les pommes avec le jus de mandarine, le sirop d'érable, la cannelle et le gingembre, introduisez-les dans la friteuse et faites-les cuire à 365 degrés F pendant 20 minutes
- Répartir le mélange de pommes dans les assiettes et servir chaud.
- Profitez-en !

**Nutrition :**

Calories : 170

Protéines : 4 g.

Graisse : 1 g.

Carburants : 6 g.

# Barres chocolatées à la vanille

**Temps de préparation :** 10 minutes

**Temps de cuisson :** 7 minutes

**Des portions :** 12

**Ingrédients :**

1. 1 tasse de pépites de chocolat végétalien et sans sucre
2. 2 cuillères à soupe de beurre de coco
3. 2/3 tasse de crème de coco
4. cuillères à soupe de stévia
5. ¼ cuillère à café d'extrait de vanille

**Itinéraire :**

- Mettez la crème dans un bol, ajoutez le stevia, le beurre et les pépites de chocolat et remuez
- Laissez reposer 5 minutes, remuez bien et mélangez la vanille.
- Transférez le mélange dans une plaque à pâtisserie doublée, introduisez-le dans votre friteuse à air et faites-le cuire à 356 degrés F pendant 7 minutes.
- Laissez le mélange refroidir, coupez en tranches et servez.

- Profitez-en !

**Nutrition :**

Calories : 120

Protéines : 1 g.

Graisse : 5 g.

Carburants : 6 g.

# Barres aux framboises

**Temps de préparation :** 10 minutes

**Temps de cuisson :** 6 minutes

**Des portions :** 12

**Ingrédients :**

1. ½ tasse de beurre de noix de coco, fondu

2. ½ tasse d'huile de noix de coco

3. ½ tasse de framboises séchées

4. ¼ tasse swerve

5. ½ tasse de noix de coco, râpée

**Itinéraire :**

- Dans votre robot ménager, mélangez très bien les baies séchées.
- Dans un bol adapté à votre friteuse à air, mélangez l'huile avec le beurre, la noix de coco et les framboises, mélangez bien, introduisez dans la friteuse et faites cuire à 320 degrés F pendant 6 minutes.
- Étalez-le sur une plaque à pâtisserie tapissée, gardez au réfrigérateur pendant une heure, coupez en tranches et servez.
- Profitez-en !

**Nutrition :**

Calories : 164

Protéines : 2 g.

Lipides : 22 g.

Carburants : 4 g.

# Crème de baies de cacao

**Temps de préparation :** 10 minutes

**Temps de cuisson :** 10 minutes

**Des portions :** 4

**Ingrédients :**

1. 3 cuillères à soupe de cacao en poudre

2. 14 onces de crème de noix de coco

3. 1 tasse de mûres

4. 1 tasse de framboises

5. 2 cuillères à soupe de stévia

**Itinéraire :**

- Dans un bol, fouettez la poudre de cacao avec le stévia et la crème et remuez.

- Ajouter les framboises et les mûres, mélanger doucement, transférer dans une poêle adaptée à votre friteuse à air, introduire dans la friteuse et cuire à 350 degrés F pendant 10 minutes.

- Répartir dans des bols et servir froid.

- Profitez-en !

**Nutrition :**

Calories : 205

Protéines : 2 g.

Lipides : 34 g.

Carburants : 6 g.

# Pudding au cacao

**Temps de préparation :** 10 minutes

**Temps de cuisson :** 20 minutes

**Portions :** 2

**Ingrédients :**

1. 2 cuillères à soupe d'eau
2. ½ cuillère à soupe d'agar
3. 4 cuillères à soupe de stévia
4. 4 cuillères à soupe de cacao en poudre
5. 2 tasses de lait de coco, chaud

**Itinéraire :**

- Dans un bol, mélangez le lait avec le stévia et le cacao en poudre et remuez bien.
- Dans un bol, mélangez l'agar avec de l'eau, remuez bien, ajoutez au mélange de cacao, remuez et transférez dans un moule à pudding qui convient à votre friteuse à air.
- Introduire dans la friteuse et cuire à 356 degrés F pendant 20 minutes.
- Servez le pudding froid.

- Profitez-en !

**Nutrition :**

Calories : 170

Protéines : 3 g.

Lipides : 2 g.

Carburants : 4 g.

# Biscuits aux myrtilles et à la noix de coco

**Temps de préparation :** 10 minutes

**Temps de cuisson :** 30 minutes

**Des portions :** 12

**Ingrédients :**

1. ½ tasse de beurre de noix de coco

2. ½ tasse d'huile de noix de coco, fondue

3. 1 tasse de myrtilles

4. 3 cuillères à soupe de sucre de coco

## Itinéraire :

- Dans une casserole adaptée à votre friteuse, mélangez le beurre de coco avec l'huile de coco, les framboises et le sucre, mélangez, introduisez dans la friteuse et faites cuire à 367 degrés F pendant 30 minutes
- Étaler sur une plaque à pâtisserie tapissée, garder au réfrigérateur pendant quelques heures, trancher les crackers et servir.
- Profitez-en !

## Nutrition :

Calories : 174

Protéines : 7 g.

Graisse : 5 g.

Carburants : 4 g.

# Pudding au chou-fleur

**Temps de préparation :** 10 minutes

**Temps de cuisson :** 30 minutes

**Des portions :** 4

**Ingrédients :**

1. 2½ tasses d'eau

2. 1 tasse de sucre de coco

3. 2 tasses de riz au chou-fleur

4. 2bâtonnets de cannelle

5. ½ tasse de noix de coco, râpée

**Itinéraire :**

- Dans une casserole adaptée à votre friteuse, mélangez l'eau avec le sucre de coco, le riz au chou-fleur, la cannelle et la noix de coco, remuez, introduisez dans la friteuse et faites cuire à 365 degrés F pendant 30 minutes
- Répartissez le pudding dans des tasses et servez froid.
- Profitez-en !

**Nutrition :**

Calories : 203

Protéines : 4 g.

Graisse : 4 g.

Carburants : 9 g.

# Rhubarbe à la vanille douce

**Temps de préparation :** 10 minutes

**Temps de cuisson :** 10 minutes

**Des portions :** 4

**Ingrédients :**

1. 5 tasses de rhubarbe, hachée

2. 2 cuillères à soupe de beurre de coco, fondu

3. 1/3 de tasse d'eau

4. 1 cuillère à soupe de stévia

5. 1 cuillère à café d'extrait de vanille

**Itinéraire :**

- Mettez la rhubarbe, le ghee, l'eau, le stevia et l'extrait de vanille dans une poêle adaptée à votre friteuse à air, introduisez-les dans la friteuse et faites-les cuire à 365 degrés F pendant 10 minutes
- Diviser en petits bols et servir froid.
- Profitez-en !

**Nutrition :**

Calories : 103

Protéines : 2 g.

Lipides : 2 g.

Carburants : 6 g.

# Pudding à l'ananas

**Temps de préparation :** 10 minutes

**Temps de cuisson :** 5 minutes

**Des portions :** 8

**Ingrédients :**

1. 1 cuillère à soupe d'huile d'avocat
2. 1 tasse de riz

3. 14 onces de lait

4. Du sucre au goût

5. 8 onces d'ananas en conserve, haché

**Itinéraire :**

- Dans votre friteuse à air, mélangez l'huile, le lait et le riz, remuez, couvrez et faites cuire à feu vif pendant 3 minutes.

- Ajoutez le sucre et l'ananas, remuez, couvrez et faites cuire à feu vif pendant 2 minutes de plus.

- Répartissez-les dans des bols à dessert et servez-les.

**Nutrition :**

Calories : 154

Protéines : 8 g.

Graisse : 4 g.

Carburants : 14 g.

# Confiture de myrtilles

**Temps de préparation :** 10 minutes

**Temps de cuisson :** 11 minutes

**Portions :** 2

**Ingrédients :**

1. ½ livre de myrtilles

2. 1/3 de livre de sucre

3. Zest de ½ citron râpé

4. ½ cuillère à soupe de beurre

5. Une pincée de cannelle en poudre

**Itinéraire :**

- Mettez les myrtilles dans votre mixeur, battez-les bien, égouttez-les, transférez-les dans votre autocuiseur, ajoutez le sucre, le zeste de citron et la cannelle, remuez, couvrez et laissez mijoter en mode sauté pendant 3 minutes.

- Ajouter le beurre, remuer, couvrir la friteuse et cuire à feu vif pendant 8 minutes.

- Transférer dans un bocal et servir.

**Nutrition :**

Calories : 211

Protéines : 5 g.

Lipides : 3 g.

Carburants : 6 g.

# Confiture de prunes

**Temps de préparation :** 20 minutes

**Temps de cuisson :** 8 minutes

**Des portions :** 12

**Ingrédients :**

1. Prunes de 3 livres, pierres enlevées et grossièrement hachées

2. 2 cuillères à soupe de jus de citron

3. 2 livres de sucre

4. 1 cuillère à café d'extrait de vanille

5. 3 onces d'eau

**Itinéraire :**

- Dans votre friteuse à air, mélangez les prunes avec le sucre et l'extrait de vanille, remuez et laissez reposer pendant 20 minutes

- Ajoutez le jus de citron et l'eau, remuez, couvrez et faites cuire à feu vif pendant 8 minutes.

- Répartir dans des bols et servir froid.

**Nutrition :**

Calories : 191

Protéines : 13 g.

Lipides : 3 g.

Carburants : 12 g.

# Crêpe à la noix de coco

**Temps de préparation :** 10 minutes

**Temps de cuisson :** 20 minutes

**Des portions :** 4

**Ingrédients :**

1. 2 tasses de farine d'auto-élevage
2. 2 cuillères à soupe de sucre
3. 2eggs
4. 1et ½ tasses de lait de coco
5. Un filet d'huile d'olive

**Itinéraire :**

- Dans un bol, mélangez les œufs avec le sucre, le lait et la farine et fouettez jusqu'à obtenir une pâte.
- Graissez votre friteuse à air avec l'huile, ajoutez la pâte, étalez-la dans la marmite, couvrez et faites cuire à feu doux pendant 20 minutes.
- Trancher la crêpe, la répartir dans les assiettes et la servir froide.

**Nutrition :**

Calories : 162

Protéines : 8 g.

Lipides : 3 g.

Carburants : 7 g.

# Pommes et jus de raisin rouge

**Temps de préparation :** 10 minutes

**Temps de cuisson :** 10 minutes

**Portions :** 2

**Ingrédients :**

1. 2 pommes

2. ½ tasse de jus de raisin rouge naturel

3. 2 cuillères à soupe de raisins secs

4. 1 cuillère à café de cannelle en poudre

5. ½ cuillères à soupe de sucre

## Itinéraire :

- Mettez les pommes dans votre friteuse à air, ajoutez le jus de raisin, les raisins secs, la cannelle et le stévia, remuez un peu, couvrez et faites cuire à feu vif pendant 10 minutes.

- Diviser en 2 bols et servir.

## Nutrition :

Calories : 110

Protéines : 3 g.

Graisse : 1 g.

Carburants : 3 g.

# Pudding à la noix de coco et à l'avocat

**Temps de préparation :** 2 heures

**Temps de cuisson :** 2 minutes

**Des portions :** 3

**Ingrédients :**

1. ½ tasse d'huile d'avocat
2. 4 cuillères à soupe de sucre
3. 1 cuillère à soupe de cacao en poudre
4. 14 onces de lait de coco en conserve
5. 1 avocat, dénoyauté, pelé et haché

**Itinéraire :**

- Dans un bol, mélangez l'huile avec la poudre de cacao et la moitié du sucre, remuez bien, transférez dans un récipient tapissé, gardez au réfrigérateur pendant 1 heure et coupez en petits morceaux.
- Dans votre friteuse à air, mélangez le lait de coco avec l'avocat et le reste du sucre, mixez à l'aide d'un mixeur à immersion, couvrez la cuisinière et faites cuire à feu vif pendant 2 minutes.
- Ajoutez des pépites de chocolat, remuez, répartissez le pudding dans des bols et conservez au réfrigérateur jusqu'au moment de le servir.

**Nutrition :**

Calories : 140

Protéines : 4 g.

Lipides : 3 g.

Carburants : 3 g.

# Bols de cerises et de rhubarbe

**Temps de préparation :** 10 minutes

**Temps de cuisson :** 35 minutes

**Des portions :** 4

**Ingrédients :**

1. 2 tasses de cerises, dénoyautées et coupées en deux
2. 1 tasse de rhubarbe, tranchée
3. 1 tasse de jus de pomme
4. 2 cuillères à soupe de sucre
5. ½ tasse de raisins secs.

**Itinéraire :**

- Dans une casserole adaptée à votre friteuse, mélangez les cerises avec la rhubarbe et les autres ingrédients, remuez, faites cuire à 330 degrés pendant 35 minutes, répartissez dans des bols, laissez refroidir et servez.

**Nutrition :**

Calories : 212

Protéines : 7 g.

Lipides : 8 g.

Carburants : 13 g.

# Bols de citrouille

**Temps de préparation :** 10 minutes

**Temps de cuisson :** 15 minutes

**Des portions :** 4

**Ingrédients :**

1. 2 tasses de chair de potiron, coupées en cubes

2. 1 tasse de crème épaisse

3. 1 cuillère à café de cannelle en poudre

4. 3 cuillères à soupe de sucre

5. 1 cuillère à café de noix de muscade, moulue

**Itinéraire :**

- Dans une marmite adaptée à votre friteuse à air, mélangez le potiron avec la crème et les autres ingrédients, introduisez-le dans la friteuse et faites-le cuire à 360 degrés pendant 15 minutes.

- Diviser dans des bols et servir.

**Nutrition :**

Calories : 212

Protéines : 7 g.

Graisse : 5 g.

Carburants : 15 g.

# Confiture de pommes

**Temps de préparation :** 10 minutes

**Temps de cuisson :** 25 minutes

**Des portions :** 4

**Ingrédients :**

1. 1 tasse d'eau

2. ½ tasse de sucre

3. Pommes d'un kilo, épépinées, pelées et hachées

4. ½ cuillère à café de noix de muscade moulue

**Itinéraire :**

- Dans une casserole qui convient à votre friteuse à air, mélangez les pommes avec l'eau et les autres ingrédients, remuez, introduisez la casserole dans la friteuse et faites cuire à 370 degrés F pendant 25 minutes.

- Mélangez un peu à l'aide d'un mixeur à immersion, répartissez dans des pots et servez.

**Nutrition :**

Calories : 204

Protéines : 4 g.

Lipides : 3 g.

Carburants : 12 g.

# Yogourt et crème de potiron

**Temps de préparation :** 10 minutes

**Temps de cuisson :** 30 minutes

**Des portions :** 4

**Ingrédients :**

1. 1 tasse de yaourt

2. 1 tasse de purée de citrouille

3. 2 œufs, fouettés

4. 2 cuillères à soupe de sucre

5. ½ cuillère à café d'extrait de vanille

**Itinéraire :**

- Dans un grand bol, mélangez la purée et le yaourt avec les autres ingrédients, fouettez bien, versez dans 4 ramequins, mettez-les dans la friteuse à air et faites cuire à 370 degrés F pendant 30 minutes.

Refroidir et servir.

**Nutrition :**

Calories : 192

Protéines : 4 g.

Lipides : 7 g.

Carburants : 12 g.

# Mélange de riz aux raisins secs

**Temps de préparation :** 10 minutes

**Temps de cuisson :** 25 minutes

**Des portions :** 6

**Ingrédients :**

1. 1 tasse de riz blanc

2. 2 tasses de lait de coco

3. 3 cuillères à soupe de sucre

4. 1 cuillère à café d'extrait de vanille

5. ½ tasse de raisins secs

**Itinéraire :**

- Dans la poêle de la friteuse à air, mélangez le riz avec le lait et les autres ingrédients, introduisez la poêle dans la friteuse et faites cuire à 320 degrés F pendant 25 minutes.
- Répartir dans des bols et servir chaud.

**Nutrition :**

Calories : 132

Protéines : 7 g.

Graisse : 6 g.

Carburants : 11 g.

# Bols d'orange

**Temps de préparation :** 10 minutes

**Temps de cuisson :** 10 minutes

**Des portions :** 4

**Ingrédients :**

1. 1 tasse d'oranges, pelées et coupées en segments
2. 1 tasse de cerises, dénoyautées et coupées en deux
3. 1 tasse de mangue, pelée et coupée en cubes
4. 1 tasse de jus d'orange
5. 2 cuillères à soupe de sucre

**Itinéraire :**

- Dans la poêle de la friteuse à air, mélangez les oranges avec les cerises et les autres ingrédients, remuez et faites cuire à 320 degrés F pendant 10 minutes.
- Répartir dans des bols et servir froid.

**Nutrition :**

Calories : 191

Protéines : 4 g.

Lipides : 7 g.

Carburants : 14 g.

# Confiture de fraises

**Temps de préparation :** 10 minutes

**Temps de cuisson :** 25 minutes

**Des portions :** 8

**Ingrédients :**

1. 1 livre de fraises, hachées
2. 1 cuillère à soupe de zeste de citron, râpé
3. 1 et ½ tasses d'eau
4. ½ tasse de sucre
5. ½ cuillère à soupe de jus de citron

**Itinéraire :**

- Dans la poêle de la friteuse à air, mélangez les baies avec l'eau et les autres ingrédients, remuez, introduisez la poêle dans votre friteuse à air et faites cuire à 330 degrés F pendant 25 minutes.
- Répartir dans des bols et servir froid.

**Nutrition :**

Calories : 202

Protéines : 7 g.

Lipides : 8 g.

Carburants : 6 g.

# Crème de caramel

**Temps de préparation :** 10 minutes

**Temps de cuisson :** 15 minutes

**Des portions :** 4

**Ingrédients :**

1. 1 tasse de crème épaisse

2. 3 cuillères à soupe de sirop de caramel

3. ½ tasse de crème de noix de coco

4. 1 cuillère à soupe de sucre

5. ½ cuillère à café de cannelle en poudre

**Itinéraire :**

- Dans un bol, mélangez la crème avec le sirop de caramel et les autres ingrédients, fouettez, répartissez dans de petits ramequins, introduisez dans la friteuse et faites cuire à 320 degrés F pendant 15 minutes.

- Répartir dans des bols et servir froid.

**Nutrition :**

Calories : 234

Protéines : 5 g.

Gras : 13 g.

Carburants : 11 g.

# Poires emballées

**Temps de préparation :** 10 minutes

**Temps de cuisson :** 15 minutes

**Des portions :** 4

**Ingrédients :**

1. 4feuilles de pâte feuilletée

2. 14 annonce une crème anglaise à la vanille

3. 2 poires, réduites de moitié

4. 1 œuf, battu

5. 2 cuillères à soupe de sucre

**Itinéraire :**

- Posez les tranches de pâte feuilletée sur une surface propre, ajoutez une cuillère de crème anglaise à la vanille au centre de chacune, garnissez de moitiés de poire et enveloppez.

- Badigeonnez les poires avec l'œuf, saupoudrez de sucre et placez-les dans le panier de votre friteuse à air et faites-les cuire à 320 °F pendant 15 minutes.

- Répartissez les colis sur des assiettes et servez.

**Nutrition :**

Calories : 200

Protéines : 6 g.

Lipides : 7 g.

Carburants : 6 g.

# Barres au citron

**Temps de préparation :** 10 minutes

**Temps de cuisson :** 35 minutes

**Des portions :** 8

**Ingrédients :**

1. ½ tasse de beurre fondu
2. 1 tasse d'érythritol
3. 1 et ¾ tasses de farine d'amandes
4. 3 œufs, fouettés
5. Jus de 3 citrons

**Itinéraire :**

- Dans un bol, mélangez 1 tasse de farine avec la moitié de l'érythritol et le beurre, remuez bien et pressez dans un plat de cuisson adapté à la friteuse à air, tapissé de papier parchemin.

- Mettez le plat dans votre friteuse à air et faites-le cuire à 350 degrés F pendant 10 minutes.

- Pendant ce temps, dans un bol, mélangez le reste de la farine avec le reste de l'érythritol et les autres ingrédients et fouettez bien.

- Etalez-le sur la croûte, mettez le plat dans la friteuse à l'air libre et faites-le cuire à 350 degrés F pendant 25 minutes.
- Laisser refroidir, couper en barres et servir.

**Nutrition :**

Calories : 210

Protéines : 8 g.

Graisse : 12 g.

Carburants : 4 g.

# Donuts à la noix de coco

**Temps de préparation :** 5 minutes

**Temps de cuisson :** 15 minutes

**Des portions :** 4

**Ingrédients :**

1. 8 onces de farine de noix de coco
2. 1 œuf, battu
3. et ½ cuillères à soupe de beurre fondu
4. 4 onces de lait de coco
5. 1 cuillère à café de levure chimique

**Itinéraire :**

- Dans un bol, mettez tous les ingrédients et mélangez bien.
- Formez des beignets à partir de ce mélange, placez-les dans le panier de votre friteuse à air et faites-les cuire à 370 degrés F pendant 15 minutes.
- Servir chaud.

**Nutrition :**

Calories : 190

Protéines : 6 g.

Graisse : 12 g.

# Plan de repas de 30 jours

| Journée | Petit déjeuner | Déjeuner/dîner | Dessert |
|---|---|---|---|
| 1 | Poêle à crevettes | Rouleaux aux épinards | Gâteau à la crêpe Matcha |
| 2 | Yogourt à la noix de coco avec des graines de chia | Les pliages de fromage de chèvre | Mini-tartes au potiron et aux épices |
| 3 | Le pudding de Chia | Tarte aux crêpes | Barres aux noix |
| 4 | Bombes à graisse d'œuf | Soupe à la noix de coco | Gâteau de livre |
| 5 | Les "Grits" du matin | Tacos de poisson | Recette de tortillas à la cannelle |
| 6 | Oeufs écossais | Salade Cobb | Yogourt granola aux |

| | | | baies |
|---|---|---|---|
| 7 | Sandwich au bacon | Soupe au fromage | Sorbet aux baies |
| 8 | Noatmeal | Tartare de thon | Smoothie à la noix de coco et aux baies de coco |
| 9 | Petit-déjeuner au four avec de la viande | Chaudrée de palourdes | Smoothie à la banane et au lait de coco |
| 10 | Petit déjeuner Bagel | Salade asiatique de bœuf | Smoothie mangue-ananas |
| 11 | Hachis d'oeufs et de légumes | Keto Carbonara | Smoothie vert framboise |
| 12 | Poêle à cowboy | Soupe de chou-fleur aux graines | Smoothie aux baies chargées |
| 13 | Feta Quiche | Asperges | Smoothie à |

|    |                 | enrobées de prosciutto | la papaye et à la banane et au chou frisé |
|----|-----------------|------------------------|-------------------------------------------|
| 14 | Crêpes au bacon | Poivrons farcis | Smoothie à l'orange verte |
| 15 | Gaufres | Aubergines farcies au fromage de chèvre | Smoothie aux doubles baies |
| 16 | Chocolate Shake | Curry de Korma | Barres protéinées énergisantes |
| 17 | Oeufs en chapeau champignon Portobello | Bars à courgettes | Brownies sucrés et salés |
| 18 | Bombes à graisse Matcha | Soupe aux champignons | Keto Macho Nachos |
| 19 | Keto | Champignons | Gelato au |

| | | | |
|---|---|---|---|
| | Smoothie Bowl | portobello farcis | beurre de cacahuète et à la banane avec de la menthe |
| 20 | Omelette au saumon | Salade de laitue | Cannelle, pêches et yaourt |
| 21 | Hash Brown | Soupe à l'oignon | Popsicles au miel et à la menthe |
| 22 | La casserole de Black's Bangin | Salade d'asperges | Smoothie à l'orange et aux pêches |
| 23 | Coupes de bacon | Taboulé au chou-fleur | Smoothie à la noix de coco et aux pommes épicées |
| 24 | Oeufs aux épinards et | Bœuf Salpicao | Smoothie sucré et salé |

| | | | |
|---|---|---|---|
| | fromage | | |
| 25 | Remballages de tacos | Artichaut farci | Smoothie au gingembre et aux baies |
| 26 | Café Donuts | Rouleaux aux épinards | Smoothie végétarien |
| 27 | Omelette aux oeufs | Les pliages de fromage de chèvre | Smoothie au chocolat et aux noix |
| 28 | Ranch Risotto | Tarte aux crêpes | Smoothie Coco Fraise |
| 29 | Oeufs écossais | Soupe à la noix de coco | Smoothie aux oeufs et aux épinards |
| 30 | Oeufs frits | Tacos de poisson | Dessert crémeux Smoothie |

# Conclusion

Merci d'être arrivé à la fin de ce livre. Une friteuse à air est un ajout relativement récent à la cuisine, et il est facile de voir pourquoi les gens sont enthousiastes à l'idée de l'utiliser. Avec une friteuse, vous pouvez faire des frites croustillantes, des ailes de poulet, des poitrines de poulet et des steaks en quelques minutes. Il existe de nombreux aliments délicieux que vous pouvez préparer sans ajouter d'huile ou de graisse à votre repas. Là encore, veillez à lire les instructions de votre friteuse et à suivre les règles d'utilisation et d'entretien. Une fois que votre friteuse est en bon état de marche, vous pouvez vraiment faire preuve de créativité et commencer à expérimenter votre façon de préparer des aliments sains et savoureux.

C'est tout ! Merci !

CPSIA information can be obtained
at www.ICGtesting.com
Printed in the USA
BVHW052030120421
604748BV00001B/84

9 781801 750851